GUÍA DE LECTURA

Escrita por Camilo Casallas Torres

Medio sol amarillo

de Chimamanda Ngozi Adichie

Entiende fácilmente la literatura con

ResumenExpress.com

www.resumenexpress.com

PISTAS PARA LA REFLEXIÓN 25

Algunas preguntas para profundizar en su reflexión...

PARA IR MÁS ALLÁ 27

CHIMAMANDA NGOZI ADICHIE

LA GUERRA Y EL AMOR

- **Nacida en 1977 en Aba (Nigeria).**
- **Premios literarios:**
  - Ganadora del Premio Booker por *La flor púrpura*
  - Ganadora de una beca MacArthur
  - Ganadora del Premio del Círculo de Críticos Nacional del Libro por *Americanah*
- **Algunas de sus obras:**
  - *La flor púrpura* (2005), novela
  - *Algo alrededor de tu cuello* (2009), cuentos
  - *Americanah* (2013), novela
  - *Todos deberíamos ser feministas* (2014), ensayo

Como si fuera un presagio de su carrera, Ngozi Adichie vivió en sus primeros años en una casa en la que había vivido el gran escritor nigeriano Chinua Achebe. Su infancia estuvo marcada por la vida académica, pues sus padres trabajaban en la Universidad de Nigeria, con sede en Nsukka (su madre era directora de admisiones y su padre profesor de Estadística). De hecho, es allí donde en mayor medida se desarrolla la acción de la novela *Medio sol amarillo*.

Se trasladó a los Estados Unidos para iniciar sus estudios universitarios. Estudió Comunicación y Ciencias Políticas en la Universidad de Drexel y en la Universidad Estatal del Este de Connecticut, además de dos maestrías, una en Escrituras Creativas, en Baltimore, y otra en Estudios Africanos, en Yale. Fue allí donde inició su carrera literaria con la publicación de *La flor púrpura*, una novela de formación sobre una disfuncional familia nigeriana.

Desde esa novela inaugural, no ha parado de escribir y ha recibido varios reconocimientos por darle un nuevo aire a las literaturas nigeriana y africana en lengua inglesa.

Ngozi Adichie forma parte de una generación con estudios, cercana a la teoría crítica y la teoría literaria. En esta biografía, hay que resaltar que su vida no gira en torno a una experiencia o a una labor del escritor como comúnmente estamos acostumbrados. A diferencia de un Hemingway, un tipo aventurero que fue a la guerra y participaba en corridas de toros, esta nueva generación de la que Ngozi Adichie forma parte está más centrada en la investigación universitaria, en la política desde los campus y las bibliotecas.

MEDIO SOL AMARILLO

EL OTRO NACIMIENTO DE UNA NACIÓN

- **Género:** novela histórica
- **Edición de referencia:** Ngozi Adichie, Chimamanda. 2014. *Medio sol amarillo*. Bogotá: Debolsillo
- **Primera edición:** 2006
- **Temáticas:** colonialismo, nación y raza, guerra, lenguaje

Medio sol amarillo es una pieza magistral y monstruosa sobre la guerra. En concreto, la obra trata la guerra civil de Nigeria, también llamada guerra de Biafra. Las gemelas Olanna y Kainene forman parte de la alta sociedad nigeriana, regida por gobiernos corruptos que benefician más a las empresas británicas colonialistas que a la población. Olanna se enamora de Odengibo, un profesor de matemáticas socialista; Kainene se enamora de Richard, un aspirante a escritor británico.

Las vidas de las gemelas se verán alteradas y se cruzarán cuando la estabilidad del país es amenazada: los hausa, un grupo étnico musulmán, toma el país y masacra a los igbo, un grupo minoritario del cual forman parte Olanna y Kainene. Entre destierros, maltratos, muertes, traiciones y vejaciones, esta novela apoteósica es una radiografía de un tiempo particular, una línea angosta entre el odio y la esperanza.

RESUMEN

PRIMERA VISITA A NIGERIA

En el principio de la novela conocemos a Ugwu, un joven humilde que llega a trabajar a Nsukka, como criado de Odengibo. Odengibo pronto hace que la relación entre los dos se vuelva estrecha. Además, se preocupa por la estabilidad social de su país y organiza tertulias intelectuales.

La tranquilidad de Ugwu se trastoca cuando Olanna, novia de Odengibo, se muda a la casa. Se vuelve la señora de la casa y hace ruido cuando tiene relaciones sexuales con él. Sin embargo, con el tiempo, Olanna también empieza a acercarse a Ugwu; se vuelven amigos inseparables. Los tres son igbo, aunque Olanna y Odengibo han recibido una educación. Olanna, no obstante, pertenece a una clase social acomodada, y Odengibo es de origen humilde. Contra los deseos de sus padres, Olanna consigue trabajo como profesora de sociología en Nsukka, y deja de una vez por todas a su verdadero novio, un hausa rico llamado Mohammed.

Además, nos enteramos de que Olanna tiene una hermana gemela, Kainene, quien es más práctica que Olanna y trabaja en las empresas de su padre. Kainene conoce a Richard, un periodista británico, aspirante a escritor, que mantiene una relación con Susan. Richard y Kainene se enamoran. Richard se va a vivir a Nsukka para investigar sobre arte clásico igbo y Kainene se traslada a Port Harcourt para gestionar los negocios de la familia.

Richard pasa a formar parte del círculo de Odengibo. Asiste a las tertulias que organizan y está fascinado con la cultura local. Ugwu asiste a la escuela primaria y se siente cercano a Olanna y Odengibo. En la casa todo parece marchar bien, aunque Olanna quiere tener un hijo y no lo consigue.

«LOS TRAPOS AL SOL»

La relación entre Olanna y la madre de Odengibo no es buena. La anciana quisiera que su hijo tuviera otra pareja. Olanna se pelea con Odengibo. El recelo de la madre de Odengibo se vuelve peligroso cuando, según Ugwu, hace brujería y obliga a su hijo a tener relaciones sexuales con Amala, una criada.

Amala queda embaraza. Olanna se entera y la relación con su pareja se deteriora: se acerca a Richard y ambos tienen sexo. Después, Olanna se lo cuenta a Odengibo y este, humillado, prohíbe la entrada de Richard a la casa. Kainene también se entera del amorío y se enfurece con su hermana.

Amala da a luz a una niña pero no la quiere criar. Entonces, Olanna decide que adoptará a la niña; asegura que siente que es la hija que había deseado tener. Al no encontrar un nombre apropiado, Olanna llama a la niña Bebé.

LA MUERTE CHIQUITA

Años después, la tranquilidad en la casa de Odengibo ha vuelto, a pesar de que Olanna y Kainene no hablen y de que Richard sea un indeseable. En cuanto a lo político, hay un golpe de estado igbo en contra de la élite hausa. Varios políticos son asesinados, incluido Ahmadu Bello, líder espiritual y político de los musulmanes. Los tíos y la prima de Olanna celebran esas muertes con humor negro, pero Olanna no se siente tan cómoda.

La población nigeriana no es uniforme en términos culturales. Distintos grupos étnicos pueblan el país y entre ellos ha habido relaciones agridulces y tensas. Tal y como se cuenta en *Medio sol amarillo*, los británicos, al colonizar el país, privilegiaron a los hausa —a sus ojos, más civilizados que el resto de los grupos, por ser musulmanes— y establecieron una estructura social en la que los hausa recaudaban impuestos y subyugaban a otros grupos étnicos como los igbo o los yoruba, a cambio de que los misioneros cristianos se mantuvieran alejados de sus focos poblacionales.

Esta organización creó desigualdades inmensas, no solo entre estos grupos étnicos, sino también entre regiones geográficas. Mientras el norte de Nigeria, poblado por los hausa, era rico y pujante, el este y el sur del país quedaron desprotegidos y explotados por empresas británicas que buscaban satisfacer sus propios intereses económicos.

La celebración dura poco: los yoruba, nuevos aliados de los hausa, persiguen a los igbo. Los hausa retoman el poder con un nuevo golpe y masacran a la población igbo. La situación es desesperante, y las estaciones de trenes se llenan de heridos. Ante esta circunstancia, Olanna teme por sus tíos. Con la ayuda de Mohammed, se desplaza con dificultad hasta el barrio en que viven, para encontrarse con que sus mismos vecinos los han masacrado: Olanna queda pávida. En el tren de regreso a la ciudad, se encuentra con una mujer que le muestra algo espantoso dentro de un cuenco:

> «Olanna miró dentro. Vio la cabeza de una niña con el cutis de color ceniza y el pelo trenzado, con los ojos en blanco y la boca muy abierta. La observó unos instantes antes de apartar la vista. Alguien soltó un grito» (Ngozi Adichie 2014, 258).

Para agrado de Odengibo, pues cree que la secesión de la nación puede ayudar, nace un nuevo país llamado República de Biafra, poblado sobre todo por igbos. En principio, la formación de este nuevo estado supone el final de las masacres, aunque es demasiado tarde y se ha derramado mucha sangre.

Bandera de la República de Biafra.

ESTRAGOS Y CONSECUENCIAS

Después de la muerte de sus tíos, Olanna no puede mover las piernas y se siente incapacitada. Odengibo, al contrario de su naturaleza normal, se muestra frágil. Richard y Olanna se volverán a encontrar en una conferencia sobre la guerra. La conferencia culmina con una manifestación en la calle, precedida por Okukwu, líder de la República de Biafra. Para los dos, la visión del elegante líder representa un renacimiento.

La hermana de Ugwu se casa y la familia hace preparativos para asistir a la ceremonia. Sin embargo, se acercan tropas militares nigerianas y tienen que huir. Terminan en Aba, en casa de la madre de Odengibo, quien comienza a trabajar en ayuda social. Pero la tranquilidad de Olanna y Odengibo dura poco: el pueblo es atacado por los hausa, así que la familia tiene que desplazarse de nuevo, aunque la madre de Odengibo se niega a salir del pueblo. Ellos, por su lado, consiguen llegar a una nueva ciudad. Allí, Olanna trabaja de profesora en un colegio y se casa con Odengibo, pero el matrimonio es interrumpido por un ataque aéreo.

EL CICLÓN

Aunque la nueva vida es un poco inestable y Olanna está nerviosa, decide ser fuerte. Cuando el colegio se transforma en centro de refugiados, decide seguir dando clases en su casa con la ayuda de Ugwu. Por otra parte, Odengibo se entera de que a su madre la asesinaron. Deprimido, busca llegar al pueblo aun sabiendo que el camino se encuentra repleto de tropas nigerianas: solo quiere darle un funeral.

Mientras tanto, Richard recibe el encargo de escribir artículos sobre la situación de Biafra. Se vuelve reconocido y logra escribir con precisión sobre la guerra, sobre la situación política insoportable y sobre la esperanza de que el fin esté cerca, pues Nigeria es apoyada por varios países en su afán por luchar contra Biafra.

Odengibo está deprimido, y la familia tiene que ir a vivir a un apartamento diminuto. A Ugwu lo intentan reclutar varias veces en el ejército de Biafra. Lo único que parece dar luz a la situación es una visita de Kainene: las hermanas parecen acercarse. Finalmente, reclutan a Ugwu, quien se siente presionado por sus compañeros. Se vuelve un experto en el combate y sus compañeros lo alaban. No obstante, lo presionan para que viole a una mujer. La visión de los ojos de la mujer, llenos de odio, lo atormenta.

Después, Kainene informa a Olanna de que Ugwu ha muerto en batalla. De nuevo, la ciudad es atacada, y la familia tiene que ir a vivir con Kainene y Richard. Las dos gemelas se vuelven de nuevo inseparables y todo parece mejorar cuando se enteran de que, en realidad, Ugwu vive. Sin embargo, un día Kainene sale a comerciar en líneas enemigas y desaparece.

Okukwu se rinde y Biafra deja de existir. Entonces, la familia ya puede volver a Nsukka. Sin embargo, Kainene sigue desaparecida y Richard la busca con esmero.

Ugwu regresa a su tierra natal después de varios años. Allí, se encuentra con que su madre ha muerto a causa de la tos y a su hermana la violaron. Comienza a escribir un libro sobre el periodo de la guerra, llamado *Relato de la vida de un país*. Richard, por el contrario, ha dejado de escribir literatura.

Ni Richard ni Olanna logran encontrar a Kainene.

ESTUDIO DE LOS PERSONAJES

Los personajes de *Medio sol amarillo* son entrañables: son una fuerza que impulsa y se contrapone a la historia. Su fuerza, torrente en contra de los acontecimientos, reside en su voluntad y su lugar en la historia. Como dice la propia Ngozi Adichie en una nota final al libro, muchos de estos personajes son reales y ella solo les ha dado fuerza narrativa.

OLANNA

Olanna es un personaje cálido, una fuerza constante del libro que parece llenar de amor a todo el resto de personajes. Según lo que dice su hermana, su nombre significa «el oro de Dios». Olanna es rebelde, hermosa y poderosa. Se enfrenta a sus padres y a su marido en más de una ocasión al notar que se vuelven parcos, avaros o demasiado plácidos.

Sin embargo, también derrocha tristeza a lo largo del libro. La visión de la muerte de varios a su alrededor se transforma en una cruz. Por eso mismo, es el personaje que podemos entender y vislumbrar con mayor precisión. Podemos sentir de primera mano sus dudas y ver con detalle todos los sucesos que la perturban:

> «Describió las prendas de aire vagamente familiar que cubrían los cuerpos decapitados del patio, los dedos aún crispados de la mano de tío Mbaezi, los ojos en blanco de la cabeza infantil que había dentro del cuenco en forma de calabaza y el extraño tono de piel de los cadáveres que yacían en el patio, entre gris y cetrino, como la tiza mal borrada de una pizarra» (Ngozi Adichie 2014, 269-270).

Si bien se les puede dar el epíteto de víctima a todos los personajes de la obra, el que más parece encajar con esta descripción es Olanna. Su sufrimiento es vasto a lo largo de las páginas del libro y no solo vive en carne propia la guerra civil, sino que también es testigo del dolor a su alrededor.

KAINENE

Ya desde el mismo significado de su nombre («veamos lo que Dios nos depara»), sabemos que Kainene es de una naturaleza distinta a la de su hermana gemela. Es mucho más práctica y directa; por ello, se involucra en los negocios (a veces de naturaleza oscura) de su padre. Sin embargo, no deja de ser un personaje misterioso. Richard la describe como andrógina, sombría y ocurrente. Por ello, su transformación a lo largo del libro es mucho más sutil que la de Olanna. No nos deja entrever qué pasa por su cabeza o qué siente con respecto a los demás personajes. No obstante, cabe destacar que se vuelve mucho más cándida, que comienza a trabajar por los migrantes y, sobre todo, que su desaparición marca el ritmo final del libro. Es el eje de esa mutación del mundo, del regreso a la desesperanza.

UGWU

Para referirse a Ugwu, Odengibo usa varias veces la palabra «ignorante». No es del todo falso que Ugwu sea ignorante: creció humilde y sin educación en el campo, e ignora gran cantidad de la información política y social que sí podría tener Odengibo u Olanna. Sin embargo, es astuto y, como dice con frecuencia, aprende rápido. Esta mezcla es bastante refrescante, sobre todo si como lectores ignoramos la situación política y cultural de Nigeria. Ugwu nos introduce con amabilidad y desparpajo por los conflictos políticos de finales de la década de 1960. Además, se convierte en la verdadera voz de una generación. Al final, se convierte en el escritor real del conflicto, en el que puede verlo todo.

ODENGIBO

Odengibo es un monstruo; un titán del pensamiento y de la actividad física. Si una palabra puede describir a Odengibo es «vigor». Odengibo es, además, justo con los que ama, y llena de energía y poder los recintos en los que entra. A diferencia de Olanna, no obstante, esa energía, del mismo modo que asciende, es susceptible de decaer en cualquier momento, y se parece mucho a la esperanza que rodea la creación del estado de Biafra: es tormentosa, vaga e incierta.

RICHARD

Richard es tímido y melancólico. Calla en las reuniones y es meditativo; no se arriesga demasiado hasta que conoce a Kainene. Empieza a encajar en esa particular familia, se vuelve uno más. Su ambición es escribir sobre Nigeria y su arte. Richard irá pasando de ser un observador externo a vivir la guerra por sí mismo, a sufrir junto con su nueva familia y a considerarse un briafeño. Es un personaje construido de manera inteligente por Ngozi Adichie. Si bien el libro es anticolonialista y habla de manera bastante sustentada sobre la influencia negativa de la colonización inglesa en Nigeria, también da espacio a este inglés, Richard, para que nos muestre sus contradicciones pues, a pesar de ser europeo en ese preciso momento histórico, su mentalidad empieza a acercarse cada vez más a las de los socialistas africanos. No solo es interesante este matiz, sino que también lo es ver cómo Richard, en algunas ocasiones, se equivoca: a veces es condescendiente y racista en sus comentarios. Su voz es la de la contradicción de una Europa que iba a cambiar y volverse más humana después de la época colonial.

BEBÉ

Bebé no es un personaje particularmente habitual en el libro. No habla demasiado y las escenas en las que aparece son pocas, en comparación con otros personajes. Sin embargo, es interesante. Por momentos parece una niña sabia, y otras veces una anciana reducida que ríe sin saberlo y que lo conoce todo. De hecho, en un punto del libro Kainene le dice a Olanna que a la niña se le cae el pelo como signo de sabiduría. Juega con niños de todas las clases sociales y se divierte utilizando a su antojo una daga de un soldado malherido en combate. Es un personaje extraño, totalmente alegre y feliz que, sin conocer por qué, sabe qué decir en el momento adecuado, e infunde esperanza y alegría a todos a su alrededor.

CONSIDERACIONES FORMALES

TRES VOCES DE PAPEL

Qué maravillosa novela la que tenemos en las manos y qué grande es. Gigantesca, nos apabulla con su cantidad de sucesos, con su análisis tremendo de la realidad de Nigeria. La novela está narrada por una sola voz, distante y sabia. Lo conoce todo, se introduce en la mente de los personajes y a veces hasta parece conocer el porvenir. Esta voz es pausada, tranquila. Incluso cuando habla sobre el genocidio de los igbo —matanzas, persecuciones, desplazamientos, desesperanza— lo hace con parsimonia, como si estuviera contando que Ugwu cocina un delicioso arroz jollof.

¡Qué extraña voz! ¿Será la voz de Dios, que observa con impavidez las desventuras de los que viven en la tierra? ¿Se trata de la misma voz de la escritora, Ngozi Adichie, quien, ya después de tantos años, registra con su escritura los sucesos del pasado y los analiza sin la pasión desenfrenada de los que vivieron una guerra? Cualquiera de las dos opciones es posible. Lo que está claro es que esta voz aparentemente imparcial nos deja ver el desenfreno de los años de guerra con mayor claridad. Podemos acercarnos a ese conflicto con frescura, sin temer que la información desmedida nos deje mareados. Esta voz nos va soltando tan a cuentagotas que al final del día, cuando terminamos de leer, nos deja exhaustos.

La voz de ese extraño narrador se centra especialmente en tres personajes: Ugwu, Olanna y Richard. Cada capítulo del libro es narrado desde la perspectiva de uno de estos tres personajes (por ejemplo, en el primer capítulo, vemos a Ugwu llegando a la casa de Odengibo y escrutando con interés los objetos del profesor). No escuchamos la voz de estos tres personajes con claridad, sino que se expresan a través del filtro de ese narrador que lo conoce todo. Sin embargo, ellos funcionan como filtros para conocer la realidad de Nigeria. Ugwu es un filtro humilde que nos permite descubrir la situación política desde la ignorancia y desde el punto de vista de las clases bajas; Olanna es el foco femenino, la que nos deja ver la implicación de la violencia en el sexo, en la maternidad y en la familia; y Richard es un filtro externo, su voz extranjera va descubriendo con nosotros, también inexpertos, la guerra y la desesperanza.

TIEMPO DE MATAR

La novela viaja entre dos tiempos. Dos de sus apartados se centran en los sucesos de principios de la década de 1960 y otros dos muestran los acontecimientos acaecidos a finales de esa misma década. En las dos secciones que hablan de los principios de la década, la narración está más encaminada a hablar de la familia. En esos dos apartados, los celos, la traición, el amor, la maternidad y el parentesco son la constante, y vemos cómo las relaciones se destruyen y se vuelven a alzar gracias a los esfuerzos de los personajes de la historia.

Por el contrario, los dos grandes apartados que se centran en el final de la década están más centrados en lo político. La familia de la historia migra de un lugar a otro y llora a sus muertos, mientras el país de Biafra intenta constituirse.

Estos cuatro apartados están intercalados así que, primero, se nos aparece uno dedicado a la historia de principios de la década de 1960, luego uno dedicado a los finales de la década, y otros dos apartados organizados de la misma forma. De este modo, se va añadiendo información con lentitud. La información del segundo apartado parece extraña y luego se aclara en el tercero, cuando se nos revelan las traiciones más importantes en el interior de la familia. Todo es lento y violento.

Una de las herramientas más interesantes que usa Ngozi Adichie es la introducción de especies de síntesis del libro que quiere escribir Richard, *El mundo guardó silencio cuando morimos*. Estas secciones cortas son extrañas; comienzan con frecuencia como si un narrador externo estuviera viendo escribir a Richard: «Él argumenta que Nigeria no conoció lo que era la economía hasta su independencia. El régimen colonial era autoritario, una dictadura inocuamente brutal» (Ngozi Adichie 2014, 351). Los apartados, además, surgen de manera arbitraria en el texto: no hay ninguna pauta para ellos.

Sin embargo, estos textos son bastante importantes para la comprensión del lector. No solo son una mirada a la escritura particular de Richard, sino que también nos dan información importante sobre las causas de la guerra. A menudo hablan sobre el colonialismo, la religión y los conflictos entre los grupos étnicos y la empresa colonialista.

Básicamente, si la intercalación de capítulos sobre las

distintas etapas de la guerra nos guía para conocer los conflictos del presente, las secciones aisladas sobre el libro de Richard nos dan pautas para comprender el pasado; es decir, nos permiten conocer las causas, por ejemplo, de la pobreza de los igbo o de la confianza de los británicos en los hausa musulmanes. Esta historia del pasado también está llena de muertos y de desigualdades. Se exploran estas tragedias desde un punto de vista antropológico, sociológico e historiográfico para que nosotros, los lectores, dispongamos de herramientas para juzgar lo que nos da la escritora.

TEMÁTICAS Y CLAVES DE LECTURA

COLONIALISMO

Este libro se escribe precisamente para conocer la causas de la desigualdad y de los conflictos. Y parece que para la autora estos conflictos se encuentran en el colonialismo. Con agudeza, investiga las relaciones entre el Imperio británico y sus colonias, y en especial Nigeria.

Sin embargo, es interesante que esa relación no sea unívoca. Ngozi Adichie no hace saber simplemente que los británicos y otros países europeos se dedicaron a desplumar a los países de África, también habla de una organización política nigeriana compleja, conformada por grupos étnicos y tribus que al final beneficiaron a la empresa colonialista. Es decir, que el libro no es unidireccional, sino que establece relaciones diversas de poder entre los muchos grupos sociales de Nigeria.

Es interesante que, por ejemplo, no se hable solo del poder del colonialismo en las clases bajas a partir de Ugwu, sino también de cómo fueron afectados los privilegiados nigerianos, los académicos de izquierda y los religiosos. Se trata de un mosaico amplio de relaciones sociales y no solo de explotados y explotadores. Incluso, como ya se dijo en la sección de personajes, la inclusión de Richard hace que la visión de los ingleses no quede reducida a la de brutales imperialistas.

Se trata de una perspectiva compleja, en la que todo factor

pasa a tener importancia para entender la historia.

NACIÓN Y RAZA

El título del libro, *Medio sol amarillo*, hace referencia a la bandera de la República de Biafra, así que todo el libro se basa en la esperanza que puede dar combustible al nacimiento de una nueva nación, a los nuevos ideales que la rodean.

Sobre todo, la fundación de Biafra da mucho que pensar a los personajes del libro y a los lectores: ¿el nacimiento de Biafra puede representar una salida a los problemas de Nigeria? ¿Cómo se constituye una nación y cuáles son sus límites? (Hoy se puede decir que los límites de los Estados Unidos llegan hasta el Río Bravo, por ejemplo, pero antes estos estaban ubicados más al norte). ¿Para establecer una nación es necesario solamente que sus pobladores lo proclamen así o se necesita también que los países de la comunidad internacional la reconozcan?

La pregunta de Odengibo ronda la novela: ¿será la secesión benéfica para los igbo y para los hausa? Se trata de una pregunta importante, ética, pues la unión de grupos étnicos era vista por Odengibo como un sueño realizado. Su ideal inicial es que esos distintos grupos puedan convivir en paz, pero luego considera que la base de la tranquilidad sería asignar esos distintos territorios a los dos grupos.

Para Richard, por ejemplo, hay otra preocupación: ¿aunque sea inglés, si está en el momento justo de la fundación de Biafra, podrá ser considerado como nacional de ese país? Estas preguntas dejan traslucir lo esencial del tema de la nación en la obra: la nación es artificial. No hay naciones que hayan existido desde el inicio de los tiempos y, por lo tanto, son creaciones de los hombres. Así las cosas, ¿qué significa ser colombiano, español, nigeriano, vasco? El experimento nacional de Biafra, por ejemplo, se centra en un parámetro étnico: los igbo serán quienes vivan en Biafra y los hausas en Nigeria. Sin embargo, la novela presenta una miríada de personajes que no pertenecen por completo a estos grupos: Mohammed es hausa pero ayuda a los igbo en varias ocasiones; una de las amigas más queridas de Odengibo es yoruba y, al enterarse de la masacre, se preocupa por la familia; Richard es inglés, pero siente que su lucha es la de Biafra y se considera un biafreño (aunque decide al final que esta afirmación es soberbia cuando Kainene lo confronta).

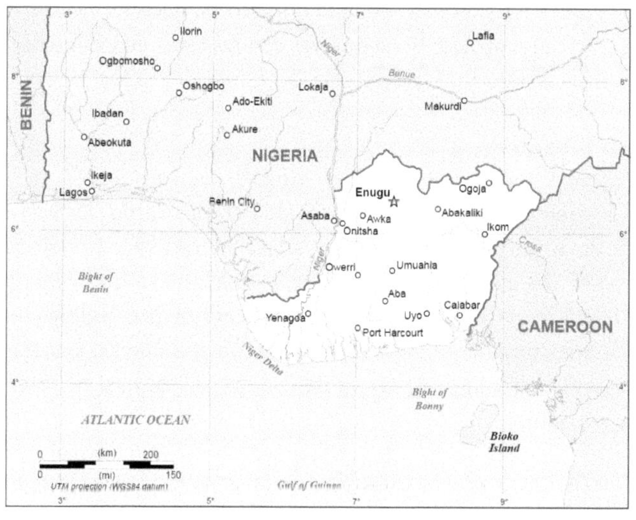

Mapa de los límites entre Nigeria y Biafra.

La novela también habla de este carácter relativo de la raza y la nación a partir de la historia de Nigeria: en varias ocasiones se habla de que la diferenciación entre hausas e igbos fue sobre todo una imposición colonialista, que nunca en toda la historia de Nigeria hubo conflictos verdaderamente grandes entre esos dos grupos hasta la llegada de los ingleses. Incluso se dice que los ingleses hacen una diferenciación racial arbitraria y sin fundamento al afirmar que los hausas tienen la piel más clara que los igbo.

¿Cómo se constituyen realmente los límites y radicalidades entre grupos sociales? ¿Se deben realmente a la raza, a la nacionalidad y a la religión, o más bien tienen su origen en el control de la tierra y los recursos? En varias ocasiones Ngozi Adichie nos hace saber que está más de acuerdo con esa segunda perspectiva; que el conflicto en Nigeria, más que ser racial o étnico, tiene que ver con factores económicos y políticos: desigualdad y poder.

GUERRA

La guerra en el libro está centrada en el cuerpo. Es sobre todo a partir de las marcas en el cuerpo que podemos sentir los estragos de la violencia: una cabeza que vuela y un cuerpo que sigue corriendo; otra cabeza guardada en un cuenco; una mujer violada; heridas sobre el cuerpo que parecen, según la perspectiva de Olanna, labios que se abren para hablar.

He ahí la clave: esos cuerpos muertos y lacerados les hablan a los personajes vivos. La paranoia frecuente de Olanna tiene su origen precisamente en ese cuerpo y en el futuro que promete: si le pasó a mis tíos, seguramente me pasará también a mí o a mi esposo o a mi hija.

LENGUAJE

El lenguaje es un tema que atraviesa a otros que ya hemos visto como el del cuerpo y el de la raza. Los cuerpos hablan pero, también, se identifica la raza, el grupo étnico o la religión a partir del lenguaje. Por ejemplo, en un episodio del aeropuerto que ve Richard, se identifica a los igbo gracias a lo que pueden decir o no:

> «—Tú eres igbo —le dijo el segundo soldado a Nnaemeka.
> —¡No! ¡Soy de Katsina! ¡De Katsina!
> El soldado se le acercó.
> —¡Di «Allahu Akbar»!
> [...]
> Nnaemeka se arrodilló. Richard vio cómo el miedo se grababa en su rostro [...]. No podía decir "Allahu Akbar" porque su acento lo habría delatado. [...] de pronto el fusil disparó y a Nnaemeka le estalló el pecho salpicándolo todo de un amasijo rojo» (Ngozi Adichie 2014, 263-264).

Durante toda la novela, se repiten escenas similares. Es en este sentido que el libro contiene una reflexión sobre el lenguaje. Hay sonidos, modismos, dichos y palabras que tienen contextos particulares, y el lenguaje se relaciona con el origen cultural e incluso con la geografía; así, la violencia y la esperanza nacen con la utilización de un nuevo lenguaje. Cabe recordar, con respecto a este punto, la onomatopeya de la cabra que les produce mucha risa a los familiares de Olanna. Esa palabra, «Beeee», se parece a la letra de una canción, pero también al sonido que les han contado que hacía el máximo líder hausa cuando fue degollado.

PISTAS PARA LA REFLEXIÓN

ALGUNAS PREGUNTAS PARA PROFUNDIZAR EN SU REFLEXIÓN...

- ¿Cómo cree que se diferencia la experiencia de escribir, publicar y vender libros para una escritora en comparación con la de un escritor? Si esa escritora es negra, como Ngozi Adichie, ¿qué otras barreras u oportunidades hay?
- ¿Por qué cree que Richard dejó de escribir su novela y se dedicó por completo al periodismo?
- Escriba una reseña ficticia sobre el libro de Ugwu.
- ¿Qué papel cree que tienen los académicos en la política de los países?
- ¿Por qué cree que Ngozi Adichie escogió a Olanna como perspectiva de su novela y no a Kainene?
- La familia de Olanna y Kainene sale mucho en fotos y artículos de revistas; escriba un artículo periodístico ficticio en que se hable de esa familia.
- Odengibo defiende con frecuencia el modelo socialista como el que debería prevalecer en Biafra. ¿Qué piensa usted sobre eso? ¿Cree que está en lo correcto o que deberían haberse adoptado otras formas de gobierno?

¡Su opinión nos interesa!
¡Deje un comentario en la página web de su librería en línea,
y comparta sus favoritos en las redes sociales!

PARA IR MÁS ALLÁ

EDICIÓN DE REFERENCIA

- Ngozi Adichie, Chimamanda. 2014. *Medio sol amarillo*. Bogotá: Penguin Random House.

ESTUDIOS DE REFERENCIA

- Ekwe-Ekwe, Herbert. s. f. "The Biafra War and the Age of Pestilence". Consultado el 4 de febrero de 2017. http://www.litencyc.com/theliterarymagazine/biafra.php.
- Jacobs, Sean. 2011. "Orientalism in Sub-Saharian Africa". *Africa is a Country*. 12 de abril. Consultado el 3 de febrero de 2017. http://africasacountry.com/2011/04/orientalism-in-sub-saharan-africa/.
- Martin, Ángela. 2017. "Chimamanda Ngozi Adichie, la feminista transgresora". *El Espectador*. 16 de enero. Consultado el 2 de febrero de 2017. http://www.elespectador.com/noticias/cultura/chimamanda-ngozi-adichie-feminista-transgresora-articulo-674988.
- Sandoval, María. 2004. "Pero ¿quién es Chimamanda?". *El País*. 18 de marzo. Consultado el 3 de febrero de 2017. http://cultura.elpais.com/cultura/2014/03/18/actualidad/1395173061_371389.html.

LECTURA RECOMENDADA

- Said, Edward. 2008. *Orientalismo*. 2.ª ed. Barcelona: Debolsillo.

ADAPTACIÓN

- *Half of a Yellow Sun*. Dirigida por Biyi Bandele, con Chiwetel Ejiofor, Thandie Newton, Onyeka Onwenu y Anika Noni Rose. Nigeria: Shareman Media y Slate Films, 2013.

www.resumenexpress.com

ISBN ebook: 9782806292353

ISBN papel: 9782806292360

Depósito legal: D/2016/12603/942

Cubierta: © Primento

Libro realizado por Primento, el socio digital de los editores